제4 시집(총 94편)
가시 잃은 성게

가시옳은 성제

문쾌식 지음

좋은땅

10 서시- 시 굽는 사람

1부
고요히 들끓는 시작, 가시가 돋힌 시간들

12 시행착오
14 목백일홍
16 3월에 웬 눈?
17 겨울 추위
18 틈이 생길 때
20 안개 속으로
21 달콤한 유혹
22 가시 잃은 성게
23 노년의 보름달
24 엄마가 그리운 때
26 말을 그리는 이유
27 상고대
28 흰 꽃 한 송이
30 약지의 눈물
32 혼돈의 시간
34 난적
36 깃털구름

2부
가시 하나, 나를 비추는 거울이 되다

38 역린

40 오도독 생식기

41 인식 차이 1

42 인식 차이 2

43 돌돌 말린 마음

44 마음의 세탁기

46 구부러진 시간 끝에서

48 로스터의 꿈

50 가시가 남긴 것

52 심령술사

54 4월, 너를 닮은 꽃

56 맑은 비

58 겸손의 꽃

60 무쇠 엉덩이

61 매화불

62 너는 개꽃?

3부
꽃과 벌레, 그들의 말 속에 내가 있다

66 샤스타데이지

68 접시꽃 당신

70 계절은 제때를 안다

72 유월은 밤꽃 세상

74 독일붓꽃

76 일일초의 고백

78 수국 앞에서

80 개망초 꽃

82 범꼬리꽃의 반란

84 범꼬리꽃 - 부끄러움은 꽃처럼 핀다

85 흰 향기, 울음을 품다

86 톱사슴벌레

88 오이 노가리

90 박각시나방

92 괴불주머니

4부
함께 하였던 것들이 나를 일으키다

96 호두에게

98 엄마 젖, 붓꽃

- 99   흔들리되 꺾이지 않으리
- 100   상생의 거울
- 102   그 꽃들을 놓아라
- 104   한 송이 나팔꽃처럼
- 106   가슴에 심은 백일홍
- 108   사랑의 낙관
- 110   안녕, 잘 지냈어?
- 112   한판 승부
- 114   십일월 예찬 1
- 116   십일월 예찬 2
- 118   가시 위에 핀 꽃
- 120   샌드백 창문
- 122   소망의 꽃

5부
과거를 부르면, 꽃이 핀다

- 126   그들을 다시 부를 때
- 128   여명의 벨소리
- 130   초록 갈비뼈 - 내면의 괴물을 닮은 너
- 132   핏빛 맨드라미
- 134   내 마음에도 눈꽃이
- 136   순둥이 허수아비
- 137   아침 별

138   붉은 잎, 나를 말하다

140   푸른 고래가 사는 방

142   꿈이 백합으로

144   꽃불 정원

146   흙의 기도 - 소멸은 끝이 아니기에

148   누군가의 따뜻함을 위해

150   민들레꽃

152   푸른 정원을 위하여

153   시퍼런 작두

6부
이제 나는 가시 없이 피어난다

156   연타석 홈런!!

158   누굴 탓해

160   가을의 전령

162   엘랑 비탈을 꿈꾸며

164   까마귀가 어딜 와 - 꽃불 앞 착시

166   밀당의 꽃

168   그 먼 띠

170   틈, 그리고 뿌리

172   예수, 12월의 따뜻한 이름

174   쉿, 시가 온다

176   별이 된 꽃 - 기린초

178 　겨울 심장에 띄우는 詩
180 　물로 그리다
182 　단단한 너를 위하여
183 　분홍빛의 환상

184 　기꺼이 배경이 된 사람이 굽는,
　　　"시(詩), 가시의 미학(美學)"

서시 - 시 굽는 사람

느릿느릿 네온 불빛 아래
군고구마 굽는 사람은
달구어진 조약돌 위에
잘 익은 고구마를 하나둘 올려놓고
말없이 사람들을 기다린다

시 굽는 사람도
조용히 詩를 불 위에 올려놓고
서서히 타들어 가고 있을 것이다
기다림은 노랗게, 따끈하게
마음을 덥히고 있을 것이다

詩를 찾는 이들이
잘 익은 詩를 맛볼 수 있도록
펜으로 쿡쿡 눌러 보며
자기만의 허기를 덥히게 하리라

1부

고요히 들끓는 시작,
가시가 돋힌 시간들

시행착오

어떤 일은 내 생각과 다를 때가 있다
포근한 봄날이라고
겨우내 내실에 있던 천사의 나팔을
밖으로 데리고 나와 물을 흠뻑 주었다
오랜만에 맛보는 봄볕이라 신나리라 생각했는데
어라, 냉해를 입었는지 잎들이 오그라든다
몇 시간 사이, 서리 맞은 고춧잎처럼 되어 가기에
조심스레 다시 안으로 들였다

내 섣부른 판단이 화를 불렀지
다 나름의 질서가 있는 것인데
내보낼 시기가 따로 있었는데

너에게는 아직 내실이 봄날인 것을
되려 밖의 봄날이 아직 겨울인 것을

천사의 나팔에게 미안해서
속죄의 기도를 드렸다

다시 소생해 푸른 잎을 보여 주기를
눈부신 꽃으로 다시 피어나기를

목백일홍

나무로 치면 고목이 되어 가는
나와 연배인 목백일홍아
아직도 만지면 간지럼 타니?
난 아직 아내가 장난친다고
간질간질 준비하는 손가락만 봐도
몸이 오글거린다

조금은 엉큼하게 몸통을 긁었다
까르르 숨 넘어가듯 몸을 떤다
아직 감각은 청춘이구나
행여 저렇게 몸을 떨다
예쁜 붉은 꽃 떨어질까 멈추었다

고목이 되어 가면서도
품위를 잃지 않고 열렬히
백 일 동안 붉은 꽃을 피워 내는
저 열정이 멋지다
고목이 되어 가는 나도

열렬히 꽃 피우고 불붙여

만나는 사람 놀라게 할 수 있을까

3월에 웬 눈?

우수 경칩이 한참 지났는데
때아닌 눈으로 야단법석이다
봄이야, 아직 겨울의 끝자락이야
혼란스럽다고 눈 흘기지 마시라
봄을 더 돋보이게 하려고 찾아온 눈을
봄을 더 풍성하게 하려고 찾아온 눈을
귀찮은 불청객으로 여긴다면
당신의 마음은 아직 겨울인 것이다
겨울의 눈처럼 오랜 여운을 남기지 않고
잠시 머물다 봄날을 맛보고 가는
낭만 가객 아닌가
이번 봄에 눈을 맞는 씨앗들, 자라 연록의 잎이 무성할
나무들은 더 단단한 생명으로 꽃을 피우리
올해도 옴팡 풍년 들것다~

그대여, 잠시 머물다 가는 봄눈 그냥 보내지 말고
저녁에 두루치기 한 접시 올려놓고
파티하는 것은 어떠신지?

겨울 추위

이놈의 추위가 사람 잡는다고 욕하지 마라
거친 바람의 춤사위에 몸서리난다고 욕하지 마라

추운 겨울이 없다면 따듯한 만남이 가능하겠느냐
메마른 가지 속에 숨은 꽃은
무슨 기운에 향기를 내겠느냐
칼바람 살을 에는 고통을 맛보지 않고
굶주림에 떠는 자의 시린 마음을
어찌 알 수 있겠느냐

추운 겨울은 단단한 생명을 만드는 에너지라
사람아, 겨울을 연인처럼 여겨라
고이 품으라

틈이 생길 때

종이도 화를 내고 싶을 때가 있다
사람도 함부로 대할 때 분노하지 않는가
종이는 많은 것을 살아 움직이게 하는 연금술사다
좋은 주인을 만나면 화가도 되고, 시인도 되고,
설계사도 되고, 교수가 되기도 한다
나쁜 주인을 만나면 불쏘시개가 되고,
똥닦개가 되고, 온갖 오물을 닦는 걸레가 되기도 한다
종이는 자신을 하찮게 여기고 무시할 때
날카로운 비수가 된다
나는 요즘 종이에게 자주 화를 낸다
시를 완성하지 못하고 미궁에 빠질 때
사정없이 쓰레기통에 던진다
멀뚱멀뚱 쳐다만 보는 종이가 미워 구겨 코를 풀기도 한다

종이의 얇은 몸에서 날 선 칼날이 돋아났다
참다못한 종이가 섬뜩하게 칼을 휘둘러
내 오른쪽 검지를 베어 버린 것
아주 깊숙이 선명한 자국을 남겼다
그 사이로 선혈이 낭자하다

종이도 분노하면 무섭다

홀대한 종이에게 미안하다고 사과했다

비 온 뒤에 땅이 굳어진다 했나

관계가 좋아진 우리는 매일 연애 중이다

눈 내리는 밤에 쓴 시가 달콤하다

안개 속으로

정원의 긴 꼬리가
오솔길의 긴 꼬리가
안개 속으로 흩어진다
아, 내 마음에 자욱한 불안의 꼬리도
끝이 없구나
그대의 이름을 목청껏 부르건만
그리움은 안개의 치마폭에 쌓여 사라지고
달구어진 사랑만 제자리에서 울고 있다

안개가 그대를 가두는 감옥인지
질긴 줄이라 믿었건만
안개처럼 흩어지더라

안개 너머, 태양은 잘 있는가

달콤한 유혹

아침 햇살 청아한 날
유독 날 사로잡는 엉겅퀴의 손짓에 발길 멈춘다
가시의 서늘함, 톱니와 가시 줄기 탄
두상화가 신비롭다
강렬한 자태에 끌려 얼굴을 만질 찰나
화들짝 곤두선 가시가 손을 찌른다
손끝에 선혈이 맺혀도 멈출 수 없는
이 끌림은 어쩜인가

나는 너무 쉽게 나를 내어 주는
값싼 인간이었으므로
꽃 앞에 부끄럽다
한 번에 치명적인 유혹으로 잡아끄는 그 힘을
가질 수 있게 해 다오
나도 저 보랏빛 가시에 기대어
한 번쯤 흔들리는 바람이고 싶다

젖은 눈으로 물끄러미 바라본다
보랏빛 미소의 엉겅퀴가 손을 흔든다

가시 잃은 성게

고슴도치 같은 날카로운 가시는 어디에 두고
둥그런 껍질만 남았느냐
이제는 하늘을 꿈꾸며 비행접시로 남은 것이냐

바다는 너를 품어 껍질뿐인 널
더욱 반듯하게 다듬었구나
꽃무늬를 새긴 네 몸은 본차이나 도자기처럼 가벼워
부딪히면 청아한 소리를 내는구나

살다가 외로움에 지쳐 찾아온 내게
바다는 너를 위로의 선물로 내주었고 나는 너를
조심스레 주머니에 담는다
그리움이 깃든 작은 별 하나를 품듯이

우리 한 공간 안에서
너는 빛을 머금고 다시 태어나거라
이제는 꽃을 활짝 피우며
푸른 바다의 숨결을 노래하는
작은 우주가 되거라

노년의 보름달

등 굽은 하락 마을 언덕배기 위에
휘영청 보름달이 떴다
터벅터벅 따라오는 내 그림자가
길게 드리운다
머리 하얗게 센 주인 가슴에 뜬 달이
작아 슬퍼서겠지
나도 보름달처럼 둥글게 살고 싶었다
힘든 삶이라도 밝게 살고 싶었다
하지만 버겁게 짓누르는 현실에 갇혀
힘도 써 보지 못하고 살아온 날이 부끄러워
땅만 보고 걸었다

크고 밝은 저 보름달은
넓은 가슴으로 세상을 품는 저 보름달은
내 마음 알까

엄마가 그리운 때

약을 먹었는데도
몸살감기가 떠나질 않는다
나이 들어서 그런가
아내가 수발하느라 고생이다
따듯한 생강차를 가져와 마시라 한다

어린 시절엔 엄마가 허약한 체질에
감기를 달고 사는 내게 자주 해 준 약이다
그뿐인가, 살림이 구차해도
여름엔 미꾸라지 호박잎에 싸서 구워 주고
겨울 감기 심해질 때면
배속을 파내고 그 안에 도라지와 파 뿌리,
모과를 넣어 달여 주던 울 엄마
내 어찌 잊으랴
엄마의 눈엔 언제나 아들뿐이었네

늙어 가면서 엄마를 그리워하는 것은
나의 행복 에너지가
엄마에게서 왔기 때문이라네

아들아, 네게 흐르는 이 따스한 힘
잊지 말거라
그 시작이 엄마임을

말을 그리는 이유

나는 전문 화가는 아니지만
무거운 삶의 무게에 눌려
생기 있던 마음이 빛을 잃어 갈 때
철썩이는 파도 곁을 질주하는 말을 그린다

아픈 마음을 가지고
잘 그려진 말에 올라타
모래톱을 벗어나 꽃 흐드러진 초원을 달리노라면
마음이 시원해진다

한 마리의 말에서, 여러 마리의 말을 그려
풀어 놓으면
말들이 신음하는 일상을 싣고
병든 감정을 싣고 달리다
다시 모래톱에 서면
어느새 수평선 넘어 태양이 떠오른다

어쩌면 나, 진짜 말이 되어야 할 것 같다
아직 건너야 할 강이 많으니

상고대

밤사이 찬 공기가 무슨 일을 했나
물안개 피어나는 복하천에
상고대를 피워올렸지
멋지다,
야생화 중에 이런 야생화가 있을까
자연이 연출할 수 있는 작품 가운데
숨을 멎는 극치의 순간을 마주한다

사람들은 소유하고 싶은 꽃이 있으면
수단과 방법을 가리지 않는다
정원으로, 화분으로, 마당으로
옮기고, 심고, 별의별 애를 다 써도
심을 수도, 데려갈 수도 없는
자연이 스스로 피운 꽃

감히, 인간이 어찌할 수 없도록
그저 감탄하며 바라보게 하려는 듯
찰나에 스러져 더욱 귀하고 눈부신
공기가 만든 꽃

흰 꽃 한 송이

관리를 잘해 주어 초여름인데
정원의 꽃이 형형색색이다
동네 아주머니가 발길을 멈추고
"이건 꽃 이름이 뭐예요?"

당황했다
자주 꽃을 대했음에도
이름을 몰랐다
빤히 쳐다보는 꽃들 앞에서
부끄러웠다

네이버 스마트 렌즈로
꽃을 하나하나 찍었다
이름 알아내는 데 한나절
드디어 정원의 28종 꽃 이름을 알았다

생소한 이름이 태반이다
미안하다, 꽃들아
너희들에게 무심했던 것

하나하나의 이름을 알게 된 것이
하나하나의 이름을 부를 수 있게 된 것이
감사하다
만날 때마다 열심히 이름 불러 줄게

꽃 이름을 외우는 데 전화가 왔다
목소리가 낯익다
이름이 생각나지 않아도
아는 척 응대한다

약지의 눈물

소지를 찔렀다
오늘도 아프다며 인상을 쓴다

왜 나만 찌르시나요
다섯 중 하나일 뿐인데

돌아보니
늘 소지를 찔렀다
제일 만만해서
눈에 먼저 띄어서

오늘은 두 번이나 찔렀건만
피 한 방울 내주지 않는다
단단히 토라졌나 보다

미안해
약지를 찔렀다
작은 피 한 방울
파르르 떨다

튀었다
약지의 눈물처럼

문득
여동생 귀에 쇠구슬을 넣던
어릴 적 내가 떠올랐다
회초리에 피가 나도록 맞았던
억울한 날들까지

이제야 들린다
소지의 항변
작은 것들의 목소리

나도 고치겠다
약지처럼
쉽게 반응하는 버릇을

가족의 평화를 위해

혼돈의 시간

하락 마을 고갯길에 석양이 내린다
어스름한 언덕을 내려오는
덩치의 짐승이
큰 개인지 늑대인지 분간할 수 없어
방향 잃고 흔들리는 나를 본다

모든 것이 광속으로 변하는 지금
빛과 어둠이 뒤섞이는 시대에
눈은 뜨고 있어도
분별은 어둠 속에 묻힌다

프랑스인들은 개와 늑대의 시간에
실체를 볼 줄 아는
냉철함을 발견한다는데
대면을 코앞에 둔
내 머릿속은 오락가락
껍질 속으로 숨어든
달팽이처럼 움츠렸다가

붕붕거리는 나팔소리에
중심이 흔들린다

난적

누구나 예기치 못한 적을 만난다

덩치 큰 개가 작은 고양이에게
뺨을 맞고 있다
무슨 잘못을 했는지 알 수 없으나
찰지게도 맞는다
에라이, 덩치가 아깝다

축구 세계 순위 100위 팔레스타인에게
순위 22위 대한민국은
그들만 만나면 왜 작아지는가
한국은 그래도 강팀이라 정평이 나 있는데
맥을 못추니
그들은 한국의 천적인가

오래전 인쇄소 Mr. 권과 팔씨름을 하게 되었다
체구가 왜소하고 연약해 보여
네까짓 것 정도야 못 이기겠나 싶어
팔을 걷어붙였다

내리 세 판을 졌다 분하기도 했으나
항변할 수도 없었다

그후로, 누구와 대면할 때
왜소해 보인다고 깔보지 않았다
없어 보인다고 무시하지 않았다
무식하다고 천대하지 않았다
생각지도 못한 적에게 또다시
뺨 맞지 않도록

깃털구름

낙엽 불타는 가을에
거위 시인이 깃털을 뽑아
하늘에 시를 씁니다
쪽빛 하늘이 눈가 촉촉해지도록
시를 씁니다

나는 그저 마음 따뜻한 시 한 편 지어
거위에게 주고 싶었는데
마음을 어떻게 읽었는지
깃털을 하늘에다 수놓듯
흩뿌려 줍니다

한 편이 아니라
더 많이 쓰라는 요구겠지요

마음까지 얼리는 겨울이 오기 전에
깃털이 찬바람에 밀려 가기 전에
하늘 수놓은 깃털을 뽑아
멋진 시를 쓰라 속삭이는 것일지도요

2부

**가시 하나,
나를 비추는 거울이 되다**

역린

연일 내리는 가을비에
정원의 꽃들이 축 늘어져 빛을 잃는다
내 마음도 스산해져 서서히 빛을 잃는다
그 와중에도 유독 빛을 내는 꽃 하나
정열의 꽃 맨드라미 붉다 못해 핏빛이다

어둑해져 가는 가을 정원
여름내 만개하여
시선을 끌던 저 많은 꽃들은
지금 비를 맞으며 산화하고 있다

그들과 함께 수탉 벼슬을 하던
맨드라미 하나가 여름 내내 도도하더니
가을비의 으름장 앞에도 꺾이지 않은 채
붉은 생명을 토해 내고 있다

오늘도 비는 추적추적 내린다
쓸쓸한 마음을 던지러
우울한 마음을 덜어 내려

나는 붉은 맨드라미 앞에 선다

수탉 벼슬을 한 그 꽃 하나가
내 마음의 붉은 심지를
가만히 건드린다

오도독 생식기

오랜만에 먹어 보는 미역귀
오도독오도독 씹는 맛이 여전하다
그런데 주름진 그 다발이 생식기라니
미역의 생식세포가 다 여기에
후손을 얼마나 퍼뜨리려고
그리 많은 것이냐

인간에게 생식기가 너처럼 많다면
땅은 인간으로 덮일 것이고
설 자리를 잃은 생물들은
눈을 부라리며 들고 일어나
이건 너무하다 외치겠지

내가 너를 오도독 씹어 먹듯
그들도 우리의 생식기를
하나둘 씹어 삼키려 들겠지

생식기가 하나라
참으로 다행이다

인식 차이 1

담장 너머 뽕나무가 선을 넘었다
장마가 끝나면서 혈기 왕성해진 가지가
월담을 해서 창문을 덮었다
문을 열면 창밖의 풍경이 정겨웠는데
시야를 막아 답답하다
너는 남의 집을 넘어온 도둑이고
나의 평화로운 정서를 침범한 악당이다
선을 넘었으니 대가를 치러야지
나도 누구와 선을 넘는 경쟁을 하다
상대의 응징에 눈물을 쏟고서야
내 자리로 돌아왔었다

담장 안의 가지를 자른다
담장 밖에서 안을 넘보는 가지도 자른다
다시 탁 트인 시야, 애완견과 산책 중인
이웃이 보인다
날개 잃은 뽕나무가
하얀 피를 뿜어내며 휘청거린다

인식 차이 2

담장 너머 뽕나무가 선을 넘었다
따가운 불볕에 쩔쩔 끓는 창문이 안쓰러워
침실이 찜질방이 된 것을 보다 못해
담장 안에 가지를 뻗어 그늘을 만든다
너는 남을 배려할 줄 아는구나
따듯한 온정을 가졌구나
담 넘어온 네가 밉지 않다
그늘이 되어 준 것 감사하다
나도 용기를 내어
쩔쩔 끓는 괴로움에 아파하는 이에게
노곤함에 누울 자리를 찾는 이에게
그늘이 되어 주리라

창문을 활짝 연다
넓은 가슴의 뽕나무가
가지를 흔들며 밝게 웃는다

돌돌 말린 마음

하룻밤 사이 겨울이 밀고 들어왔다
뜨거운 연탄불에 돌돌 말리는
오징어도 아닌 것이
따듯한 마음, 찬바람에 돌돌 말려
얼음장이다

중년의 가슴에 찬바람 불면
낙엽 바스락 소리에도 놀란 토끼 눈을 하고
쳐다본다
시린 마음, 찢어진 문풍지처럼
바람 틈새로 울고 있다
하룻밤 사이 잊어버린 그리움은
왜 이리 깊어지는지

걱정 마, 따듯한 손으로
너의 손 잡아 줄게

마음의 세탁기

빨래통 속에서
말라붙은 하루의 조각들이
하얀 거품에 실려 떠오른다
주머니 속 작은 잔해들
무심히 흘려보낸 마음같다

화장지 한 조각,
영수증의 이름 없는 숫자들이 엉겨 붙어
옷은 낡은 마음처럼 해어졌다

벗기 전에 살펴야 했다
종종 잊고 이 지경이다

삶도 그렇다
마음의 세탁기 안에
무심히 던져 넣은 날들
그 안에 남은 감정의 조각들이
다른 이의 어깨를 적시기도 한다

그래서
내 마음의 주머니를
남들 앞에 서기 전
조용히 뒤집어 본다

십년지기 하나
내 무심의 파편에
고요히 앓고 있다

구부러진 시간 끝에서

가을 텃밭에서 가지를 딴다
이제는 검은빛 매끄러움 대신
딱딱한 누런 빛이 돈다

여름내 쭉 뻗던 시원한 생기는 어디 가고
허리 구부러진 영감처럼 주저앉아 있다
한입 베어 문다
보드라운 단맛은 사라지고
질기고 쓴맛만 입안에 돈다
입을 다물고, 가지를 내려놓는다

알곡을 거두는 이 계절
내 일상도 어느새
처지고 구부러진 가지처럼 변해 있다
슬프다
제 몸을 다해 버티던 가지처럼
나도 계절 앞에 고개를 떨구고 만다면
그 얼마나 부끄러운 일인가

아직은 싱싱해야 할 내가
얼마든지 흐름을 바꿀 수 있는 내가
이대로 무너진다면,
이 구부러진 시간을 어떻게 다시 펴야 할까
내가 꺼내야 할 단 한 가지
그것은-

내 독설로 아파하는 이들에게
사랑의 연고를 발라 주는 일

로스터의 꿈

나는
지친 삶에 온기를 불어넣는
커피 로스터다

예민하고 변덕스러운
판도라의 상자를 가진
카멜레온을 길들여
같은 맛, 같은 빛깔의 향으로
관객의 박수를 이끌어 낸다

방심하는 순간
네 모든 것을 안다 착각하면
괴물은 상자에서 기어 나오고
무대는 혼란에 빠진다
카멜레온은 나를 슬프게 한다

숙련되었다고
자만하는 그 찰나에
나는 나무에서 떨어진다

삶을 데우는

그 신비한 빛깔 앞에

고개 숙인다

가시가 남긴 것

즐거운 가족 모임,
코다리찜을 먹다 가시가 목에 걸렸다
캑캑거려도 빠지지 않는다
목에 작은 추 하나 매단 듯
답답하고 무겁다
침을 삼킬 때마다
뜨끔뜨끔 아프다

어떻게든 빼내야 했다
눈물이 날 만큼 캑캑거릴 때
가시가 조금 올라온 느낌이 든다

플래시로 목구멍을 비추던 아내가
가시를 발견했다며
핀셋으로 조심스레 꺼냈다

아, 살 것 같다
가족들의 웃는 얼굴이 보인다

이제야 깨닫는다
작은 가시 하나가 생지옥을 만든다는 걸

내 말의 독한 가시가
호랑이 발톱보다 날카로운 행동의 가시로
지옥을 겪었을 누군가에게 미안하다

그 순간, 옆에 있던 동서가
유리병에 고이 간직하라며 웃었다
모두가 함께 웃었다

지나간 고통 하나,
내 안의 가시를 들여다보게 한다

심령술사

오늘도 좋은 원두를 부탁하며
로스터기의 쇳결을 쓸어 본다
토, 또각, 드럼이 도는 소리
사랑해 사랑해- 속삭인다
정말 누군가를 안고 싶었다

비 오는 날
슬픈 소식이 가슴에 물든다
툭, 후드득, 드럼이 도는 소리
괜찮아, 괜찮아 웅얼인다
정말 누군가에게 안기고 싶었다

아내와 다투고 돌아선 밤
쓸쓸한 불빛 아래 커피를 볶는다
두두둑, 우지끈, 드럼이 도는 소리
왜 그랬어, 왜 그랬어- 따져 묻는다
정말 용서를 구하고 싶었다

누가 내 속을 이렇게

들여다보는가
드럼은 불빛 속에서 눈을 번뜩인다
말없이 나를 꿰뚫는다
심령술사 그는 나였다

4월, 너를 닮은 꽃

왜, 4월을 잔인한 달이라 했을까
겨우내 숨죽인 상처 때문일까

꽃잎으로 문을 연 벚나무를 보아라
햇살 같은 웃음 사이로 피어난 길
그 길에 서면
너의 마음도 환해질 테니

홍매화도 놓치지마
온몸에 불을 품고 다가와
가슴 깊은 데까지 데워 주는
봄의 요화, 그 붉은 유혹

까르르 웃는 눈길 하나
순백의 돌배 처녀와 마주 서면
그리운 사랑도 다시 피어나지

4월이 달아오르면
봄꽃이 된 당신의 눈부심에

나는 행복 한 아름

조용히 담고 싶어라

맑은 비

맑은 날의 무거운 짐들을
비 오는 날에 씻는다
빛에 그을린 감정들이
맑은 물방울로 흘러내린다

갈 길 잃은 삶의 평면과 직선이
어둠을 쏟아 내고
한 번쯤은 씻어 내야지
이 무게와 침묵을

비에 마음이 뒤집히는 것도
얼마나 즐거운 일인가
억눌렸던 것들을 끄집어내어
장대비에 미친 듯이 씻으면
밝은 천사가 될 수 있을 거야

얼굴을 때리는 빗방울이
왜 이리 달콤할까
물에 빠진 생쥐가 되어도

날아갈 것 같은 이 감정, 이 자유

비 오는 날의 나의 수채화

- 맑음

겸손의 꽃

무더위에 모두가 숨을 헐떡이는데
싱싱하게 피어 빛나는 채송화가
마치 땅에 보석을 뿌려 놓은 듯
낮은 자세로 앉아 해맑게 웃는다

그냥 지나칠 수 없어
자세를 낮추고 마주 앉았다

수수하면서도
결코 화려하지 않은 단아함이
눈을 쉬게 한다

타는 하늘 높이 받들고
낮은 자세로 땅을 섬기는
너의 겸손함을 배운다

세상을 섬기려면 작아져야지
마음 비우고 작아져야지

수수하게 꽃을 피우며
그대로 하늘을 품는다

무쇠 엉덩이

텃밭에 일하러 가는 근순 할머니
잔뜩 꼬부라진 새우등이다
천근만근 돌덩이를 지고 온 지팡이
도착하자마자 툭, 내동댕이

대수롭지 않은 듯
어디에나 앉기 편한 엉덩이로
땅을 뭉개며 호미질이다
어그적 어그적 걸으면서도
농사짓는 일터만 오면 손은
날랜 제비
엉덩이는 무쇠가 된다

그만 놔라, 놔라 소리도 못 지른 채
머리끄댕이 붙잡힌 잡초는
오늘이 제삿날

무쇠 엉덩이로 말끔해진 텃밭
뭘 심어도 풍년이지

매화불

매화나무에 꽃불이 붙었다
불덩어리가 된 꽃이 요염한 자태로
몸을 흔드는데 누가 녹지 않으랴
벌도 녹아 자리를 뜰 줄 모르고
길객 나그네도 발길이 몽롱하다
나는 진작 너밖에 보이지 않았다
그리움 속 사랑 꿈틀대는
내 심장은 뒤로한 채

홍매화,
무르익은 나의 홍일점이다
봄이 터뜨린 웃음의 불꽃이다

너는 개꽃?

독일붓꽃이 우아한 자태로
시선을 사로잡는다

꽃이 바람을 타고
개가 되어 컹컹 짖는다
하고 있는 모양새가
도베르만이다

쫑긋한 꽃잎 귀가
생긴 꽃 두상이
길게 내민 꽃술까지
완전히 개다, 개

바람이 분다
몸을 흔들며
나를 향해 컹컹 짖는다
나도 그 앞에서 개가 되어
컹컹 짖는다

내가 만난 도베르만은
독일붓꽃이다
붓꽃의 변신도 무죄
도베르만의 위장도 무죄

불의 앞에서
꽃이 짖든,
개가 짖든,
짖는 것이 살아 있는 것

3부

**꽃과 벌레,
그들의 말 속에 내가 있다**

샤스타데이지

설화가 된 꽃이 있다
눈송이를 뒤집어썼으나 살아 있는 꽃이다
하늘에서 내린 눈송이가
한 폭의 그림이 되었을 때
감탄사가 절로 나온다
눈보라에 몸을 흔들며 수줍게 미소 짓는
너는 누구냐
보는 순간 가슴 저며 울컥하게 만드는
너는 누구냐
이미 꺾였을 꽃인데 여전히 청초한
너는 누구냐

세상의 흔들림에도 빛을 잃는
내가 부끄러워 고개 숙였다
견디기 힘든 풍파에도 빛을 잃지 않는
너의 꼿꼿함이 놀라워 울고 말았다

마음까지 얼어붙는 겨울에
가슴 찡한 드라마를 연출한 너를

내 가슴에 심었다
세상의 흔들림에 힘들 때
너를 꺼내 보려고

접시꽃 당신

꽃이 큰 접시랍니다
맑고 순한, 순백의 접시

장대 끝에 혼자서도
햇살을 품고 빛나네요
멀리서 바라보다
그 빛에 이끌려 다가갑니다

까치발로 살짝,
손끝으로 만져 보니
어머나, 새색시 뺨처럼 곱네요

당신이죠?
이토록 따듯한 온기,
이토록 깊은 눈빛

접시꽃에 담긴 사랑의 빛
한 접시 가득 건네주시네요

가슴이 찌르르 떨려 옵니다
말없이 눈을 맞추는 순간에도
당신은 웃으며 내 마음을 안아 줍니다

저도요
행복한 마음 한 접시
정성껏 담아 당신께 드립니다

계절은 제때를 안다

계절은 자기 때를 귀신같이 안다
봄, 여름, 가을, 겨울 된 것
봐라, 대설이 코 앞이라며
하얀 눈을 쏟아붓잖아
사람이야 갈팡질팡하든 말든
찬바람 앞세워 몸을 떨게 만들고

나도 귀신같이 아는 게 하나 있다
때 되면 배가 고프다는 것
먹으면 즐겁다는 것
그 밖엔 하는 일마다 오락가락이니 문제지

내 친구 하나, 마누라 생일을 깜박했다가
벼락을 맞았다나

나는 가끔 계절도 좀
흐리멍텅할 때가 있었으면 좋겠다
'와아, 계절도 정감 있네' 하고 말이야

그때, 찬바람이 눈을 흘긴다

'바보 같은 인간아, 그러면 너희 사는 것이
재미없어지지
사계절을 사는 재미가 있어야
인생도 풍요롭다는 걸 몰라?'

유월은 밤꽃 세상

대낮의 열기에도
뻐꾸기 소리 우렁차다
긴 낮이 외로움이라며
항의하는 중이다
느려진 시간 탓에 할 일은 꼬이고
혼미한 건, 너 때문 같아

하오의 긴 시간이 따분한 새들은
솔가지에 말을 건넨다

한낮의 열기에도
발정난 밤꽃만 들떠 있다
차일 사랑인 줄 알면서
세상을 향해 내달리는
저 수컷의 야성이 부럽다

몽롱함에 지친 내가 하는 일이란
졸다 놀라 두리번거리는 것뿐

유월-
생각도 방향을 잃고
착란의 시간이 길다

독일붓꽃

오월 이맘때면
내 정원은 품격의 옷을 입는다
긴 목의 꽃대, 우아하고 화려한
두상화가 도베르만 같다
땅을 울릴 듯한 침묵의 무게가
기품을 머금는다

그 품위를 바라보다 문득
내 마지막이 떠오른다
이 꽃을 내가 좋아하는 이유는
붓꽃의 마지막이 장엄하기 때문이다

돌아갈 땐 한 치도 남김없이
몸을 다 말아서 정말 깨끗하게
자신을 정리한다

나도 그러고 싶다
더 손댈 것이 없도록 미리 정리하고
군더더기를 남기지 않도록

지금, 오월 정원 한가운데
보는 이의 숨을 멎게 하는
장엄한 퇴장이 이어진다

일일초의 고백

하루 사랑 나누고 지는 꽃이 아니다
일일초는 매일 아침,
한 송이씩 새로 피어난다

시들 줄 모르는 열심이
연둣빛 줄기 따라 한 계절을 건너
너에게 닿는다

놀랍지 않은가
시들시들한 내 마음에
저 꽃 하나 피어 준다면
매일이 환호로 물결치겠다

도대체 얼마나 진한 사랑을 꿈꾸기에
청초한 분홍 꽃잎이
별처럼 빛날까

매일 새로 피는 이 마음
진심 아니고서야

어찌 이토록 지속될 수 있으랴

정말 당신을 사랑한다는 말이 맞다

그러니
우리 정분나지 않게
오늘은, 말없이 나를 좀 말려 줘

수국 앞에서

은하의 작은 별들이 모여
꽃 행성을 이루었다
안아 주고 싶은 꽃이었다

몇 번을 오가며
네게 달려가는 사이
꽃잎은 파리하게 고개를 숙였다

화려한 빛으로
많이 사랑받고 싶었던 너에게
물이 필요하단 걸
나는 잊고 있었다

젖도록 물을 주었더니
한 시간도 채 안 되어
너는 다시 웃었다
더 해맑은 얼굴로
더 환한 표정으로

혹시
사랑받고 싶어
잠시 앙탈한 거니?
더 바라봐 달라고
조금 더 안아 달라고

그래,
사랑받고 싶어
애교를 부린 거라면
나도 그럴 수 있지
가끔은 아내 앞에서처럼

개망초 꽃

지나간 꽃들의 그림자 아래
개망초 하나
허리 펴고 서 있다

사람들은 망(亡) 자가 들었다 하여
너를 꺼렸지
그 누명, 참 오래도 견디었다

그러나 나는 안다
너는
길섶마다 봄을 알리는
계란프라이 꽃
이름보다 먼저
따듯함이 피어난다

누구나 쉽게 마주칠 수 있어
더 귀한 존재,
밟혀도 다시 일어나는 그 마음이
참 사람 같다

바람결 따라
마을 끝까지 따라와
웃음을 흘리는 너를 보며
나는 문득, 겸손을 배운다

망할 꽃이라 말하지 마라
그 말이 돌아와
우리의 마음에 박히는 날이
있을지도 모르니

범꼬리꽃의 반란

처서가 폭염 꼬리 내리게 하는
저승사자인가
아침저녁으로 찬 기운이 돈다
여름꽃들도 보따리 싸고 있는데
역린, 여름꽃의 반란이 시작된다

그 선봉에 선 범꼬리가
긴 창날 끝에 분홍 꽃을 달았다
하늘을 향해 치켜든 꼿꼿한 깃발엔
범접할 수 없는 위엄이 있어
과연, 꽃범답다

꽃도 호랑이가 될 수 있다는 것
그 당당함을 눌러 보려고
범 앞에서 나도 고개를 들었다
보란 듯이 걸었다

꿀을 빨던 벌이
보기가 역겨웠는지

목덜미에 침을 꽂고 달아났다

따끔함에 놀라
나는 조용히 물러섰다
풀벌레 한 마리처럼

범꼬리꽃
– 부끄러움은 꽃처럼 핀다

고개 수그리지 않는다
꼿꼿이 서서 하늘을 바라본다
세상에 지조 없이 꺾이는 것 보란 듯
정원을 지키는 파수꾼이다

그 도도함을 꺾고 싶어
범꼬리 앞에 섰다
불꽃이 튀도록 노려보다
하마터면 성난 범꼬리 긴 채찍에
맞을 뻔했다

너도 아는구나
내가 지조 없다는 걸

범꼬리 보기 부끄러워
슬그머니 돌아서는데
등 뒤에서 묵묵히 피어난
내 마음의 부끄러움 하나

흰 향기, 울음을 품다

계절의 여왕 첫새벽
아카시아 향기가 문을 열 때

가시 품은 울음으로 선 나무여
왜놈의 꽃이라며 뺨 맞던 꽃이여
설움에 허리 꺾이면서도
은은한 향으로 되살아나는
그 순결, 그 백색

시인에게 남은 것 하나
지켜야 할 자존심뿐인데
마음속 가시 탓에
푸르른 오월을 노래하지 못하니
내 어찌 너를 탓하랴

바람의 채찍에도
꿀을 흘리며
사방에 사랑을 뿌리는 꽃이여
내 어찌 너를 사랑하지 않으랴

톱사슴벌레

내 기억 속 넌
사납고 공격적이었지
숲에서 널 발견한 순간
그 멋진 위용에 숨이 멎었지

열 살 소년의 손끝에 네 톱니가 박혀
눈물로 엉킨 그날을 나는 아직 생각한다

그런데 이게 웬일이냐
고향 떠난 지 오십 년
박제된 너를 만났다

어쩌다 이 지경이 됐느냐
날개는 펴졌지만
생기 없는 유리 눈, 그 눈빛이 말라 버렸다

몇 해 전만 해도
책장 하나쯤은 번쩍 들었는데
요즘은 문턱 하나 넘기조차 숨이 가쁘다

나도 이대로 박제되지 않으리
사나움도, 반짝이던 눈빛도
기억 저편으로 사라지기 전
정신은 맨손으로라도 날을 세운다

톱사슴벌레야
너의 침묵이 내게 말하네
아직, 살아 있어야 한다고

오이 노가리

이 빨랫줄에 노가리가 매달려
바다에서 자기가 왕이었다며
노가리를 깠다
먼 산에 짖는 개소리라며
비웃었다

이번엔 오이다
길게 늘어져 말라 가는 몸
꼴이 꼭 노가리다
여름 채소밭의 영웅이었다며
또 노가리를 깐다
먼 산에 짖는 개소리라며
웃는다

혹시, 내가 저 줄에 매달린다면
무슨 말을 꺼낼 수 있을까
자랑할 무대 하나 없이
묵묵히 마르기만 한 나는
개소리조차 못 낼 듯

오이 노가리 앞에
말없이 고개를 숙인다

박각시나방

늦가을 백일홍 위에
벌새처럼 생긴 손님 하나,

허공에 멈춰
날갯짓으로 공중을 붙잡고
긴 빨대로 꿀을 마십니다

꽃잎을 밟지 않고
떠 있는 그 모습,
새가 아니라 나방이라 하네요

해충쯤으로 여겼던 존재-
더러운 병을 옮긴다며
먼저 피하곤 했던 그를
오늘은 사랑스럽게 여깁니다

어쩌면 나도,
누군가에게 그런 존재이고 싶습니다
멀리했지만, 다시 보고 싶은 그런 사람

그 순간을 오래 간직하려
몇 번이고 카메라에 담았습니다

눈 내린 숲이 하얀 나라가 될 때면
그 영상 속 날개를 꺼내어
조용히 나도 날아 보렵니다

괴불주머니

산행 중
산길 꼭대기에서 만난
조롱조롱 매달린 괴불주머니
꽃은 예뻤다

향기를 맡으려고 코를 들이댔다가
불쑥 치고 들어오는 역한 냄새에
화들짝 뒷걸음질쳤다
속을 울렁이게 하는,
겉과 속이 딴판인 꽃이었다

머릿속이 복잡해진 어느 날
잊고 있던 괴불주머니가
도둑고양이처럼
내 마음에 슬그머니 들어왔다

어릴 적 바짓가랑이 끝에
박쥐 닮은 노리개를 달고 다녔지
액운을 막아 준다며

웃기잖아?
배꼽 탈장으로 열두 해를 고생할 땐
어디 있었을까

생각해 보면
나도 괴불주머니 아니라고
차마 말 못 하겠다

육십 고개를 넘기며
겉으론 중후하다는 소릴 듣지만
속은 언행일치가 안 되는 걸
어찌 꽃 냄새만 탓하랴

4부

함께 하였던 것들이
나를 일으키다

호두에게

어쩌나 단단한지
손끝으로 감히 열 수가 없었다
망치를 대자 속살이 드러났고
그 결이 어딘가 사람을 닮아 있었다
낯설고 신기했다

너는 언제나 단단하여 속을 알 수 없었다
한 손에 가볍게 올렸으나
그 안에 온 우주가 담긴 듯했다
이제 지구는 열렸고
너와 내가 입맞춤하며 연인이 되었다

나는 너무도 무른 사람이어서
작은 일에도 툭하면 무너졌는데
너의 단단한 기운을 받아 내 안에도
속이 차 있음을 알려 주리

잊지 않으마

너도 누군가의 푸른 열매였다는 것을
무언의 속삭임을 간직하고 있었다는 것을

엄마 젖, 붓꽃

독일붓꽃이 엄마 젖처럼
부풀었어요
제가 어린 아기로 보여
젖을 먹이려나 봐요
나 역시 붓꽃이 엄마 품처럼
따듯했거든요
아기치고는 조금 지저분하다는
생각이 드셔도

당신 좋아 옹알이하는 거니까

젖을 물려 주세요
너무 행복하면 엄마 젖을 꽉
깨물 수도 있지요
붓꽃이 예끼 놈 눈 흘깁니다

흔들리되 꺾이지 않으리

가을비 맞은 정원의 꽃들이
물에 빠진 생쥐처럼 떨고 있다
생기발랄은 어디 가고 축 처진 어깨 위로
땅이 꺼질 듯 무게가 실린다
하긴, 만추의 가을비에 마음 심란해
덜컥, 떨고 있는 영혼이 된 내가
무슨 말을 더하랴
나무들은 저 가을비가 그치면
체념한 채 잎새들을 떨구겠지

흐린 햇살 같은 그늘진 잎사귀를 보며
그 뒤를 따라야만 할까
아니, 속절없는 인간은 안돼
빛을 잃고 흩어지는 낙엽은 안돼
가을비에 색채가 더욱 선명한
저 솔잎이 되어야지

가을비와 커피 한 잔 나누고
더 짙어진 솔숲을 걷는다

상생의 거울

뙤약볕 아래
흰 나리 하나
눈부시게 피었다

꿀벌이 날아와
조심스레 속살을 더듬고
꿀과 꽃가루를 가져간다

꽃은 기꺼이 열리고
기꺼이 닫힌다

그 짧은 사이
씨앗 하나 생기고
세상 하나 열린다

서로는 묻지 않는다
서명도 없고
계약도 없다
이해만 있었다

문득 묻는다

나는 너에게
너는 나에게
그런 존재였는가

그 꽃들을 놓아라

수백 년 마을을 지키던 엄나무가 죽었다
태풍 카눈이 불어닥치기 전까지 엄나무는
멋진 꽃이 장엄하기까지 했다

거친 강풍을 견디지 못하고
우람하던 몸통 반이 쪼개졌다
반쪽만 남은 몸통도
기울어져 위험하다고
동네 이장이 포클레인 불러 벌목하였다

동네 사람 하나가
그동안 우리 마을을 지켜 주어서 고맙다고
막걸리 한 잔 부어 드리며 절을 한다
둘러섰던 동네 사람들이 잘 가시라고
손을 흔들며 눈물을 흘린다

긴 세월을 뒤로하고 삼 일 만에 쓰러진
엄나무, 가시가 안 보일 만큼 환하게 끓던
여린 꽃들과 가지를 남기고

아직 어미가 살아 있는 줄 알고
품에 안겨 해맑게 웃고 있는 가련한 것들

그만 놓아라! 놓아라! 소리 지를 수 없다
이제는 너희들과 안녕이란
엄나무의 말을 할 줄 모르기에

한 송이 나팔꽃처럼

그는 땅속에서 오랜 기도를 마치고
하루를 택해 올라온다
예닐곱 번의 기회를 준비한 자처럼
조심스럽게 꽃대를 올리고
하늘을 향해 입을 연다

보랏빛 나팔꽃
아니, 한 송이 나팔수
소명을 따라 그 짧은 시간을
한 점 후회 없이 온 힘으로 불어 낸다

그 울림은 바람에 실려
하늘의 귀에 닿고
땅의 심장에 번진다

나는 문득 멈춰 서서
스스로에게 묻는다
오늘의 내 삶은
누구를 향한 연주였는가

그리고 대답 없는 침묵 속에서
또 다른 나팔꽃을 기다린다

가슴에 심은 백일홍

마음에도 계절이 있다면
당신이 떠난 날은
붉은 여름이었지요

한 해의 더운 숨결을
고스란히 쏟아 내던
그날의 태양 아래
당신은 천천히 젖어 갔고
나는 서둘러 타올랐습니다

남겨진 하루하루가
불길처럼 내 속을 태워도
나는 당신의 마지막을 기억하며
가슴에 백일홍을 심었습니다

울음을 덮고
불길을 감추며
꽃잎 하나 피워 올릴 때마다
잊지 않으려 당신을 부릅니다

살아 있는 날들은
뜨겁지만 고요한 기도
그 기도의 끝에서
당신이 내게 속삭입니다

"나는, 네 안에 있다"

사랑의 낙관

이제 알겠다
왜 이슬이 새벽부터 장미를
품는지

밤새 장미는 향기를 뿜어
젊은 이슬을 불러들였고
사랑은 새벽녘,
조용히 낙관 하나 남겼다

이슬도 장미에게 낙관을
찍었는데
그토록 황홀한 너에게
나 또한 낙관을 찍고 싶다

내가 할 수 있는 건
너의 아름다움을 노래한
시 한 편,
그 곁에 내 마음을 도장처럼
눌러 새기는 일

너를 사랑하기에 시를 쓰는 것은
사랑받고 싶은 나의 고백이며
너의 빛남에 박수 치는 일은
내 안의 그리움에 낙관을 새기는 것

그래서 오늘도
사랑하는 너를 위해
사랑하려는 나를 위해
한 줄 시를 날리고
그윽한 커피 한 잔을 마신다

꽃을 사랑한 이슬이
새벽에 낙관을 남겼듯
나는 너의 가슴에
붉게 달아오른 진심 하나
조용히, 그러나 선명히 남기고 싶다

아직도 사랑할 마음이 있기에
아직도 사랑에 답할 가슴이
남아 있기에

안녕, 잘 지냈어?

방구석 한 켠
구겨진 와이셔츠가 있다
버려진 몸짓,
웅크린 채 나를 본다

나는,
습관처럼 말을 건다
"안녕, 잘 지냈어?"

와이셔츠가 되묻는다
"잘 지낸 얼굴이야, 그게?"
비수 하나가 무심한 내 말에 박힌다

그래, 나도
인사치레로 견디는 삶이라
침묵으로 달음질한다

김이 오른다
구겨진 살결 위로 내 손이 간다

상처 같던 주름이
조금씩 평평해진다

모양을 되찾은 와이셔츠가
나를 바라본다
"안녕, 잘 지냈어?"
이번엔 그 말이 따뜻하다

나도 웃는다
"응, 잘 지내려 애썼어"
이야기처럼 말이 흘러나온다

그제야 안다
펼 수 있는 건
와이셔츠만이 아니란 걸

아직 접힌 마음 하나
접힌 채로 있는 누군가에게
이 말 하나, 조심스레 전해 본다
"안녕, 잘 지냈어?"

한판 승부

춥고 배고픈 쥐 한 마리
카페 안으로 들어왔다
혹한보다 여기가 낫겠다 싶었겠지

감히 허락 없이
내 공간을 넘보다니
적과의 동침은 질색이다

사흘 동안
쌀, 파프리카, 알토란까지 건드린
그 도적놈과 결투다

아내와의 두뇌 싸움은
늘 뛰는 쪽이지만
이번엔 내가 나는 놈이다
먹잇감을 모두 치우고
조용히 덫을 놓았다
쥐 파먹은 파프리카 하나
빈 상자에 던져 놓고

끈끈이를 펼쳤다
기어코 다시 오리라는 예감이었다

이튿날 새벽
추적추적 겨울비가 내리고
문을 열었다
얼마간의 정적을 남기며
살금살금 상자 앞으로 가
뚜껑을 열어 보니

제법 큰 놈 하나 누워 있었다
작은 방석 같은 흔적 하나 남기고

십일월 예찬 1

시월은 추수하느라 분주하다
십이월은 한 해 마무리에 신중하다
가을과 겨울 사이에 엉거주춤 끼인
십일월은, 잠시 멈추며 사색하는 달이다
뒤돌아보는 달이다

다 내어 주고도 의연하게
산하를 도닥이는 십일월을 사랑하리
서릿발 머리를 덮어도
찬바람이 옆구리를 찔러도 받아 주는
십일월을 어찌 사랑하지 않으리

내 영혼은 추위에 야위어 가나
지은 죄를 투명하게 만들어
영이 맑아져 신 앞에 서게 하는
십일월을 어찌 사랑하지 않으리

비울 수 있기에 더욱 눈부신

심장이 얼얼해도 더욱 깊어지는
십일월이 좋아라

십일월 예찬 2

십일월은 두 계절의 틈에 눌려
등허리가 휜 달이다
가을과 겨울 사이에 엉거주춤 끼어서
심란하고 어수선한 달이다

시월은 추수하느라 바쁘고
십이월은 마무리하느라 고단하다
십일월은 잠시 멈추어서 사색하는 달이다

눈물겹게 다 내어 주고
외로운 산하를 도닥이는
십일월과 나 친구가 되리
서릿발 머리에 이고
묵묵하게 견디어 내는
십일월을 내 가슴에 품으리

내 영혼도 야위어 떨고 있어
지은 죄를 투명하게 만드는 신의 숨결 앞에

나를 세우는
십일월을 사랑하리

가시 위에 핀 꽃

모진 바람에도
작은 꽃이 피었다
진분홍 잎새,
속상한 마음을 감추고
보드라운 웃음으로 피어난다

가시로 세운 말들,
서툰 사랑이라고 믿고 참아 냈다
시어머니의 손끝에도
아무도 모를 눈물이 맺혀 있었으니

핏물 든 엉덩이 아래
기도처럼 스며든 시간
서로의 상처를 품에 안고
하나님의 정원에서 같은 해를 받는다

햇빛 차가운 아침
그대의 눈물과 나의 눈물이

한 줄기 향기가 되어
천천히, 우리 사이를 넘어간다

샌드백 창문

살면서
때때로 삶이 주먹질을 할 때
눈을 감고 맞는다
입을 다문 채 버틴다

장맛비도 샌드백이 필요한지
창문을 신나게 두드린다
나 또한,
몰아치는 언어의 폭풍에
몸이 먼저 깨지고
마음은 천천히 가라앉는다

참아야 한다
웃어야 한다
별일 아니라고 넘겨야 한다

그러다 문득
햇살 한 줄기 들어와
눈부시게 반긴다

그때 깨닫는다

내 안에 아직

창문이 있다는 것을

부서지지 않는 투명한 벽이

남아 있다는 것을

소망의 꽃

소한을 이기지 못한 돈나무
다른 꽃나무들도 숨을 죽였다
그렇다고 냉기 가득한 넓은 공간을
온풍기로 다 데울 수도 없고
안타까운 마음에
싸늘한 나무 하나하나를 붙들고
기도해 주었다

기적이 일어났다
대한 전날, 천사의 나팔 한 그루가
백옥의 웅장한 꽃을 피웠다
모두가 버틸 힘이 사라질 때
멋지게 꽃을 피웠다
너무 기특해서 붙들고 울었다

요즘 나를 위해 십자가를 지신 주를 위해
울지 못했으나
천사의 나팔이 꽃을 피움이 감사해 울어
죄 된 마음이나

소망을 안겨 준 천사의 나팔이 좋으니 어쩌랴

입춘이 지났어도 추위가 맹위를 떨치지만
두렵지 않다
천사의 나팔이 싱싱하게 꽃을 피우고 있기
때문이다
연달아 꽃나무들도 생기가 돈다는 것
추위로 움츠렸던 내 일상도 생기가 돈다는 것

찬 바람 속에서도 꽃은 길을 찾는다

5부

과거를 부르면,
꽃이 핀다

그들을 다시 부를 때

불혹을 넘긴 친구들이지만
그저 서재에서 자리만 채우고 있어
정리해야겠다고 생각하고
라면 박스에 욱여넣는다
스무 박스나 된다

영문도 모르고 빤히 쳐다보는 친구들
한 권씩 집어 들었다가
묵은 먼지만 탁탁 털어 내고
고물상으로 달린다

차가 덜컹거릴 때,
그제야 친구들의 울음소리가 커진다
듣지 않으려고 음악 볼륨을 높인다

도착해 마지막 무게를 달자,
폐지 쌓인 곳에 버리란다
마른침을 꿀꺽 삼키고
눈을 돌린 채 등을 보인다

그들의 목숨값,
16,000원을 받아 든다

나라를 판 이완용 같아
예수를 판 가룟 유다 같아
황급히 돌아서는데
버려진 친구들이 소리친다
"너무 자책하지 마,
널 좋은 친구로 기억할게"

16,000원으로 시집 한 권 사야겠다
너희가 그리울 때
시 한 편씩 읊어 주려고

여명의 벨소리

한밤중
창문을 두드리며
바람이 내 이름을 부른다

숨죽인 적막 속
잠든 나무들 틈에서
살랑이는 발자국 소리
은밀히 다가와
가슴 속 희망의 종을 친다

새벽별 하나
하늘 끝에 걸려
고요히 깨우고
저 멀리
지평선 너머
불씨 같은 여명이
어둠을 물들이기 시작한다

나는

몸을 일으켜 세운다
잿빛 어둠의 옷을 벗고
새하얀 속옷 같은 마음을
꺼내어
찬란한 빛을 맞는다

들리지 않는
여명의 벨소리
그 울림은
오늘을 살아갈 이유가 된다

초록 갈비뼈
– 내면의 괴물을 닮은 너

처음 너를 보았을 때
큰 짐승의 갈비뼈라도 되는 양
기묘한 잎사귀들이 내 시선을 낚았지
명을 다해 사막에 남겨진
낙타의 갈비뼈 같기도 하고
기린 모가지보다 긴 줄기
옆구리를 뚫고
새끼 하나가 삐죽 나온 모습은
배 주머니의 아기 캥거루도 아니요,
아담의 갈비뼈로 태어난 하와도 아닌,
도대체 너는 누구냐?
monstrum-기묘할수록 눈을
뗄 수 없다

아침부터 네 눈물방울 하나가
내 손등에 또르르 떨어지는데
무슨 사연이 있어 이리 속을 보이느냐
내 살아온 삶이 만리장성 같아도
아침부터 울지 않았는데

혹 나의 초라함, 가련함을 보고
울어 주는 곡비라면
그저 고맙다고 해야 할까

내 안의 괴이한 몬스터는
나 싫다며 오래전에 떠났지만
괴기와 아름다움이 보일락 말락
너와 조금 더 사귀면
내 안에 숨어 있던
진짜 몬스터의 얼굴,
그 진수를 보게 될까 싶다

핏빛 맨드라미

마지막 바싹 마른 입술로 떨고 있는
저 나뭇잎조차 떨구는 초겨울인 걸
정말 모르시나요?

당신의 열정은 찬란합니다
스산한 11월의 정원을 불태우고
하늘 끝까지 타오를 기세군요
핏빛 벼슬은 바람을 꺾고 더
단단해졌고요

이맘때면
늘 마음이 내려앉아 쓸쓸했는데
이토록 심장이 요동치는 건
온전히 당신 탓입니다

피 말리는 서릿발도
정든 강 떠나는 기러기의 울음도
당신 앞에선 사소해지네요
그 도도한 태도, 찬란한 오만에

박수를 보냅니다

이번 겨울은 몹시 춥다지요
하지만 걱정하지 않아요
당신의 붉은 정열이
내 마음에 불을 놓았으니까요

내 마음에도 눈꽃이

하늘에서 눈꽃이 내리면
자연의 질서는 일목요연해진다
나목은 초라한 옷을 벗고
순결의 옷을 입어 좋겠다

하늘이 선물한 눈꽃이
세상을 덮는 날에
우리도 탐욕의 옷을 벗고
순백의 감사로 갈아입을 수 있다면
얼마나 좋을까

내가 더러워져 부끄러운 것은
눈꽃이, 어지러운 내 질서마저
말없이 덮어 주기 때문이다

순백의 옷을 입고
묵묵히 제자리를 지키는
저 나목처럼
초라하게 야위어 가는

내 마음에도 하얀 눈꽃이
소복하게 쌓이면 참 좋겠다

순둥이 허수아비

비바람의 호된 회초리에
꼿꼿이 서 있는
천둥번개 치는 무서운 밤에도
꿈쩍 않고 서 있는
싸리눈 온몸을 파고들어도
요동치 않는
저 순둥이 허수아비처럼 살리라

새들이 와서 꼬집고 쪼아도
미소를 잃지 않는
저 순둥이 허수아비처럼 살리라

춥고 손이 시려도
휑한 들판 외로움 속에도
아무 말 없이,
묵묵히 곁을 지켜 주는
마침내 내 편이 되어 주는
저 순둥이 허수아비처럼 살리라

아침 별

고드름 병사들
얼어붙은 땅을 향해
묵은 죄를 베어 내듯
창끝을 들고 선다

물도 뜻을 품으면
날이 선다는데
잡생각에 무뎌진 나는
한 번이라도
칼날처럼 살아 본 적이 있었던가

사무친 밤이 물러가고
내 안에 하나,
수정으로 빚은
아침 별이 뜬다

붉은 잎, 나를 말하다

화려한 꽃인 줄 알았다
짙은 붉은 빛
눈을 잡아끄는 그 무엇

그러나
꽃이 아니었다
잎이었다
꽃을 감싸며
꽃보다 더 눈부신 잎

구즈마니아여,
너는 잎으로 꽃을 말하고
부드러움으로 강함을 지닌다

겉만 보는 사람아
겉에 취한 사람아
속의 따뜻함은 놓치고 있지 않은가

나는 너를 보며 배운다

자신을 숨기지 않는 꽃
속을 꾸미지 않는 잎

붉은 잎 하나가
나를 대신해 말해 준다
내 안에도 꽃이 핀다고

푸른 고래가 사는 방

내 골방, 겨우 두 평
사물함 두 개, 옷 몇 벌 걸린 진열대
싱글 침대 하나가 전부다

누우면 금방
햇살이 얼굴에 쏟아진다

당신이 보기엔
쥐구멍 같은 소굴일지 몰라도
왕도 가질 수 없는 궁전이다

이곳에 푸른 고래가 산다
고래는
긴 검은 호스처럼 늘어진
삶의 흔적을 날마다 품는다

이 골방은
하늘 문 가까운 곳

하늘의 길과 맞닿아
기도하면 예수가 다녀가신다

詩도 가끔 놀다 가신다

꿈이 백합으로

밤이면
내 생각들이 깨어나
먼 기억의 숲을 거닐지

잊힌 꿈 하나,
바람결에 따라
조용히 내 어깨 위에
내려앉는다

닿을 듯 멀고
잊을 듯 선명한 그날의 속삭임
나는 그 속에서
한 줌 햇살을 움켜쥐었고,
그것은 이내 백합으로 피었다

나는 알지
이 꽃은 내 안의
기다림이었음을

이제 나는
백합의 향기로 말하리

혹 누군가
그리운 마음 안고 이 길을 지나거든
하늘을 향해 피어난
이 고요한 응시를 기억하리

꽃불 정원

심술이나 톡톡 건드리던
겨울의 뒤끝을 잠재우고

봄 정원에 꽃불이 붙었다
새 생명의 불이 타올랐다

홍매화는 이미 농익어
온몸이 불꽃이다
작년에 심은 튜울립,
싹 틔우지 않아 속 태우더니
여기저기 꽃봉오리 곱게 달았다

내 볼에 만개한 웃음은
너 때문이다
꽃 정원 찾는 사람 많아진다면
이 또한 너 때문이다

앵두나무 흰 꽃, 너무 화사해
카메라 세례를 받는다

붓꽃도 멋진 시 한 편 쓰려
조용히 준비 중이다

정원의 꽃대들도
꽃을 밀어 올리는 기쁨에
신이 났다

그대에게도 화사한 봄날이
무거운 짐에서 나오라 손짓하니
나와 함께,
꽃불놀이 가세

흙의 기도
– 소멸은 끝이 아니기에

이별의 시간이 와도
서럽지 마라

꽃이 지고
몸이 사라져도
너는 장하다
씨를 남겼으니

너는 뜨겁게 살다
산화했으니
봄이 오면
너의 분신들이 자라나리

세상을 푸르게
향기롭게 물들이리니

나도 늙어 가면서도
시를 뿌린다
내 한 줌의 흙이 되어도

남은 씨들
내 이름을 기억하리

누구나 한 번은
쇠하는 길을 걷는다

내 정원의 코스모스, 로즈메리, 홍매화
범꼬리, 아로니아, 까마중, 방울토마토
크라슐라, 털머위, 아가판서스, 기린초
금계국, 샤스터데이지, 꽃잔디, 악마의 나팔
오가피, 금낭화, 초롱꽃, 화초달맞이
독일붓꽃, 부채붓꽃, 구절초, 원추리, 엄마나무
양귀비꽃, 앵두나무…
이름마다 꽃이 피었다

세월의 채찍에
꽃이 진다 해도
화려한 부활을 꿈꾸며
쉬어라

누군가의 따뜻함을 위해

저 산에 나뭇가지가
바람에 부러지는 것은
외딴 오두막집, 추위에 떠는
할머니의 땔감을 위해서다

만일 저 나뭇가지들이
부러지지 않고 살아남기만 한다면
산중의 외딴집 할머니는
무엇으로 추위를 견딜 수 있겠는가
부서져라,
아파도 많이 부서져라

만일 내가
부러지지 않고 살아남기만을
원한다면
누가 나를 찾아
자기의 집을 짓는 데
사용하겠는가

부러지자,
아파도 많이 부러지자

민들레꽃

버려진 땅이든, 길가든
햇볕 드는 곳이라면 너는 있었다
납작 엎드려 꽃대 쑥쑥 밀어 올려
단숨에 사랑을 퍼뜨리는 꽃이여!

환하게 웃는 너를 내 가슴에 담고 싶어
꽃을 딴다, 남김없이 딴다
사랑놀이 한창이던 벌이
놀란 날갯짓으로 휘청이다 달아난다
잔인한 파락호 앞에
해맑던 소녀의 눈물만 남았다

다시 찾아간 그 자리에
노란 별들이 은하수처럼 내려앉았다
아아, 따면 딸수록 더 사랑을
퍼뜨리는 꽃이었구나

엄청난 생명의 화력을 쏟아 낸
타는 듯 애절한 저 눈빛을 보아라

환하게 달아오른 저 미소를 보아라
너는, 행복한 꽃 맞다
넓은 가슴으로 품은 대인의 꽃이다

푸른 정원을 위하여

다시 푸른 정원을 꿈꾸며
제멋대로 뒤엉킨 덤불을 걷어 낸다
뿌리가 어찌나 질긴지
손끝으로 전해지는 저항이 고래 심줄 같다
숨이 턱 밑까지 차오르고
허리는 금방이라도 휘어질 듯하지만
이 땅을 너희에게 내줄 수는 없다
마침내 흔들리고 부러지며 뿌리 뽑힌 밭이
고요하게 빛난다

이런 각오로 임한다면
내 마음 깊숙이 퍼져 있는
의심과 나약함의 독버섯도
조용히 뽑아낼 수 있지 않겠는가
그 자리에 꽃 한 송이, 나무 한 그루 심는다면
내 청춘도 다시 푸른 숨결로 피어나겠지

시퍼런 작두

금식 아재 손가락이 소여물 썰다 작두에 잘렸다
눈앞에서 피가 튀었고, 작두 소리가 내 심장을 잘라 냈다
어린 나는 그 소리만 들어도 질겁하며 울었다
어머니는 무섭지도 않은지 오랫동안 여물을 잘도 써셨다
세월이 흘러 중년을 지나, 날이 선 종이 자르는 작두를 선물 받았다

잠시, 침을 꼴깍 삼켰으나 종이 뭉치 다 자를 때까지
두려움은 없었다
문득 드는 생각, 작두 하나쯤 마음에 숨겨 두면 좋겠다고
나쁜 생각이 번질 때, 마음이 칼끝처럼 날이 설 때
포청천의 시퍼런 개작두가 내 안에서 작동했으면 한다
거짓을 잘라 내고, 악의 뿌리를 베어 내어 선한 것들이 환하게 웃도록

요즘 나의 시가 심금을 울린다고 사람들이 좋아한다
무당처럼 신력을 얻기 위해 작두를 탈 수 없으나
술술 풀린 시 한 줄이 누군가의 마음을 흔드는 걸 보면
시가 지금, 시퍼런 작두를 타고 있는 것이다

6부

이제 나는 가시 없이 피어난다

연타석 홈런!!

연타석 홈런!
야구선수는 짜릿하게 웃고
관객은 환호성을 터뜨린다

정원의 꽃 선수들도 줄줄이
타석에 서서
갈고 닦은 방망이를 힘껏 휘두른다

1번 타자 봄날 꽃불처럼
환하게 터지는 홍매화
2번 타자 순백의 소녀,
수줍게 웃는 아로니아
3번 타자 보랏빛 붓 펼쳐
좋은 소식을 적는 붓꽃
4번 타자 금물결 일으키며
가슴을 두드리는 금계국
5번 타자 아침 햇살에 은은히
향기 퍼뜨리는 분홍 달맞이
6번 타자 핏빛 자태로 넋을

앗아 가는 참나리
7번 타자 붉은 웃음으로
요염하게 유혹하는 개양귀비
8번 타자 맑고 애잔한 눈빛
보랏빛 벌개미취
9번 타자 우아한 선율처럼
길게 피어난 범꼬리

연속 홈런이다!
꽃들마다 함성을 지른다

이제는 나의 차례
詩라는 방망이를 손에 들고
가슴 벅찬 타석에 선다

하늘을 향해 번쩍 들어
혼신의 힘으로 휘두르니-
쳤다 하면 홈런이다! 홈런!!

누굴 탓해

시도 때도 없이
호박씨를 까듯
지하의 바람이 솟구친다

참으라고 해도
귀 기울이지 않고
자기 뜻대로 땅을 울린다

상을 받던 날 단상에서
내 얼굴은 익은 무처럼 붉었다

붐비는 지하철 안
풍선의 긴 한숨 같은 소리로
사람들 웃음을 이끌었고

기도 중에도
조용히 등을 치는 바람
경건한 순간의 균열

그럴 때마다
나는 누구를 탓해야 하나
몸이 먼저 살아 내는 일을

한때는
큰바람 소리를 내는 아내를 힐난했지
이제야 말하네
여보, 그땐 미안했소

내 안의 조용한 화산아
때론 쉬어도 괜찮아
우리, 함께 사는 길을 가야 하니까

가을의 전령

고추잠자리가
한낮, 빨갛게 달아오른
고춧대 위에 앉아
쌍쌍이 꼬리를 물고
사랑을 노래합니다

붉게 물든 노을 아래, 하늘은
고추잠자리 춤추는 세상

꼬리에 불을 밝힌 듯,
가을을 신고,
하늘을 미끄러지듯 흐릅니다

끝내 버티는 혹염에게,
이제는 항복하라며
항의 중입니다

가을을 알리는 고추잠자리는
지금,

풍요의 시를
쓰는 중입니다

엘랑 비탈을 꿈꾸며

총을 든 자는 육신을 겨누지만
시인은 하늘을 향해 쏜다
한 줄의 시로
부서진 심령을 일으키듯

나는
싸늘한 침묵보다
기도하는 불꽃이 되려 한다
펜 끝에
살아 있는 말씀을 담아
죽어 가는 감정에
숨을 불어넣는다

벼랑 끝,
절망의 낭떠러지에서도
주께로부터 솟구치는
생명의 탄환이여
너는 나의 엘랑 비탈

펜은 총보다 강하다
심판이 아닌
사랑으로 겨누는 방아쇠
그 은총의 탄환이
오늘도 누군가의 심장을 살린다

까마귀가 어딜 와
– 꽃불 앞 착시

홍매화는
몸 자체가 불꽃이다
그 화려한 유혹에
나비도, 지나가던 길객도
걸려들었다
나는 그 앞에서
자동 카메라맨이 된다

저녁노을 아래, 홍매화
황홀 그 자체다
어라, 까마귀도 반했나
날아와 꼬리 흔들며 소란이다

까마귀 날자 배 떨어진다고
혹시나 꽃불을 해할 셈이라면
그 이상한 놈, 용서치 않으리라

막대기를 움켜쥐고 달려가 보니
바람결에 나부끼는

검은 비닐봉지였다
아, 다행이다
얼른 치워 버렸다

홍매화가 바람결에
사랑한다고 손을 흔든다
나도 마음으로 손을 흔든다

홍매화의 사랑스러운 불장난에
가슴이, 슬며시 달아오른다

밀당의 꽃

쏟아지는 폭우 속
정원의 꽃들이
물에 빠진 생쥐처럼 흩어지는데

유독 큰 키를 흔들며
우아한 자태를 뽐내는 참나리
심란한 마음에 생기가 돈다

나에게 달려오고 싶은가
표범 무늬 두른 너
정열 어린 눈꼬리에
뒤집힌 붉은 입술, 예술이다

뱀 혀처럼 길게 내민
현란한 촉수로
내 마음을 빨아들이는
너는 밀당의 고수다, 고수
멋지게 사랑할 줄 아는 고수다, 고수

축 처진 일상에
한 번쯤은
저 밀당의 고수처럼
현란한 도발을 해 보는 것도
삶에 반짝임을 불어넣는 일

그 먼 띠

한 차례
성난 듯 몰아치던 소나기가 지나고
모슬포항 맑은 하늘에 무지개 떴다
마라도까지 길게 드리운 띠,
영롱하다

꿈 많던 소년을 지나
백발 성성한 오늘까지 이어진
만남이지만
만질 수 없다는 것,
멀찍이 서 있다는 것은 여전하다

여기 제주 바다에 와서
닿을 수 없는, 멀찍이 선
저 무지개를 보면서
내가 찾는 세상은
아직 멀리 있다는 걸 알았다

당신과 나 사이에 뜬

무지개만 지금
한창 연애 중이다

틈, 그리고 뿌리

적과의 동침이랄까
바위와 소나무가 하나가 되는 것

바람에 날리는 솜털 속
작은 씨앗 하나에 틈을 내어 준 바위도
참 멋지거니와
작은 소나무 뿌리가
바위 곁을 따라 강산을 스며 내면
단단했던 바위조차
스스로 양분이 되어 준다니
놀라울 수밖에

바위에 뿌리내리고
저리도 당당한 소나무의 기백과
묵묵히 품어 주는 바위의 자애를 본다

인생만사 변화무쌍하지만
다 내가 감당할 만큼 오는 것
뭐든 긍정으로 받아들이고

나 자신을 위한 삶을 사는 것

서로 사랑한다는 건
포기하지 않는 것
하나가 된다는 건
서로의 숨결로 상대가 되어 주는 것

그 작은 숨결의 만남에
나는 오래도록 숨을 고른다

예수, 12월의 따듯한 이름

벌거벗은 나무가 추울까
잿빛 숲이 외로울까
12월 추운 날에
함박눈이 찾아와 덮어 줍니다

마음까지 얼어붙어 떨다가
힘없이 스러지는 인간에게
12월의 추운 날에
예수가 찾아와 감싸 줍니다

이맘때면 왜소해진 삶이
텅 빈 보따리 들킬까 봐 부끄러울 때
12월 추운 날에
예수가 찾아와 채워 줍니다

슬픈 마음
공허해진 마음
꽁꽁 얼어붙은 마음들에

12월의 추운 날에
예수가 찾아와 녹여 줍니다

쉿, 시가 온다

어릴 적, 귀신 나올 것 같은
뒷간이 무서워
툇마루에 서서 오줌을 누곤 했다
얼른 누고 들어가려 해도
오줌이 나오지 않아 발을 동동 구르면
보다 못한 어머니가 다가와
내 작은 고추를 쥐고는
쉬~, 쉬~
입김처럼 부드럽게 속삭이셨다

참 이상하지
그 소리만 들으면 막혔던 오줌이
신기하게 쏟아졌다

요즘엔
화장실에 앉아 오줌이 나오지 않으면
나도 모르게
쉬~, 쉬~
혼잣말처럼 그 주문을 흉내 낸다

그러다 피식, 웃고 만다

어느 날은
시상이 번쩍 떠올라
종이 앞에 앉았건만
한 줄도 써지지 않아 발만 동동 구르다
그 옛 주문을 속삭여 본다

쉬~, 쉬~
막힌 오줌처럼
막힌 시도 터질까 싶어

쉿, 시가 온다
어머니의 입김처럼
나를 적시는 언어의 숨결
나와 시, 따로 노는 마음을
하나로 엮어 주는 마법 같은 소리

별이 된 꽃
- 기린초

햇살처럼 환한 별꽃이 피었습니다
시루 속 콩나물처럼
다투어 피어올랐습니다

수많은 신부 별들이 꽃등을 들고
화촉을 밝히려고 손짓합니다

어머니는 아들이 뛰놀다 넘어지면
장독대 옆 꽃밭으로 달려가
막 꽃망울 터뜨린 기린초를 꺾어
돌에 찧어 상처에 붙여 주셨습니다

그렇다면 저 기린초는
어머니가 애지중지하던
약초의 부활인가요

누가 불러도 세상으로 나가지 않고
그 자리에서 발길을 붙잡는 자석 같은 꽃

봐도 봐도 어머니 손길 같은 신부야
상처 난 마음 안아 주려고
등불을 켜고 기다리는 거니?

겨울 심장에 띄우는 詩

모든 씨앗을 떠나보내고
빈 씨방만 남은 해바라기
겨울 끝자락의 정원에 서서
칼바람에 허리를 꺾는다

점점 더
가슴을 잃고 머리만 남은 시어(詩語)들이
뼛속을 긁어 오는 바람에
숨죽여 떨고 있다

허리 꺾인 해바라기처럼
내 詩가 쓰러지게 둘 수 없다

은둔(隱遁)의 장막을 걷고
차가운 겨울로 나아가자
겨울 또한
시어를 키우는 따뜻한 손이 되리니

칼바람을 넘어

시어들이 다시
새벽하늘로 날아오르도록

물로 그리다

마르고 지친 영혼에
그림을 그리던 화가다
가물어 말라비틀어지는
곧게 뻗지 못하고 곱추처럼 굽어 가는
꽃과 채소의 어두운 화폭에 붓질한다
소생을 위해 열심히 그린다

물 호스가 긴 붓이다
생기발랄한 물줄기가 물감이 된다

건들건들 팔자걸음의 학원 차 기사님이
웃으며 건넨다
"여~ 목사님이 물로 그림을 그리시네"

그렇다
나는 영혼에 생기를 불어넣던
목자 화가다

얼마 전까지만 해도

풍성한 미소를 담은 그릇들을 그렸다
행복한 얼굴을 신나게 그렸던 화가다

물 호스 긴 붓에 힘을 준다
시원하게 채색되는 물감이 아름답다

푸른 화폭 위 정원의 선들이
하나씩 일어선다

단단한 너를 위하여

소나무 관솔이 얼마나 단단한지
톱날 두 개를 삼켰다
너처럼 깊은 숨결이
내 시에 깃들어 있다면
잊지 않으리

강한 바람에 부러지거나 베이면
소나무는 송진을 흘려
도포하듯 상처를 감싼다
풍파가 할퀴고 지나간 자리
아픔의 뭉침이 굳어져
나무는 썩어도 관솔은 썩지 않는다

나의 시여, 아픔이 엉겨 붙어
상처의 꽃, 불꽃으로 피어나
끝내 관솔이 되어라

분홍빛의 환상

어떤 이가 비 내리는 겨울밤
그대만 있으면
내 마음은 분홍빛이다 했는가
아서라, 겨울비는 뒤끝이 있다
봄비는 생명을 춤추게 하지만
너는 생명을 울린다는 것

너 다녀간 뒷면
황소바람 나타나 가슴 시리고
멀쩡하던 길 살얼음판 만들어
신경 곤두서는데
내 마음도 이 겨울 살얼음판이니
내 어찌 반기겠는가

너를 탓하는 나를
야만인이라 해도 말하리
겨울비는 뒤끝이 있다

기꺼이 배경이 된 사람이 굽는,
"시(詩), 가시의 미학(美學)"

- 문쾌식 네 번째 시집, 『가시 잃은 성게』 해설 -

신원석(시인)

　문쾌식 시인은 이번 시집의 「서시」에서 자신을 '시 굽는 사람'이라고 말한다. 지금은 거의 사라지고 없지만, 예전에는 눈 내리는 겨울 골목 위에서 활활 불을 사르며 고구마를 구워 파는 사람들이 있었다. 시인은 시를 쓰는 일이 군고구마 장수가 고구마를 구워 파는 일과 다르지 않다고 여긴 모양이다. 우선 고구마는 시인이 독자에게 전달하고자 하는 날것의 전언(傳言)이겠고, 그것을 노랗게 구워 건네는 군고구마는 이 시집 속에 담겨 있는 각각의 시편들일 것이다. 고구마가 군고구마가 되는 과정에서 필요한 것은 장작으로 피워 올린 불과 그것의 온도, 그리고 고구마가 익어 가는 데 걸리는 시간이다. 시인이 삶 속에서 발견한 시적 영감(靈感) 또한 한 편의 시가 되기 위해서는 그러한 과정이 반드시 요구된다. 문쾌식 시인은 고구마장수가 젓가락으로 고구마를 찔러 보듯, 한 편의 정제된 시를 얻기 위해 오랜 인고의 시간을 견뎌 냈을 것이 분명하다.

종이도 화를 내고 싶을 때가 있다

사람도 함부로 대할 때 분노하지 않는가

종이는 많은 것을 살아 움직이게 하는 연금술사다

좋은 주인을 만나면 화가도 되고, 시인도 되고,

설계사도 되고, 교수가 되기도 한다

나쁜 주인을 만나면 불쏘시개가 되고,

똥닦개가 되고, 온갖 오물을 닦는 걸레가 되기도 한다

종이는 자신을 하찮게 여기고 무시할 때

날카로운 비수가 된다

나는 요즘 종이에게 자주 화를 낸다

시를 완성하지 못하고 미궁에 빠질 때

사정없이 쓰레기통에 던진다

멀뚱멀뚱 쳐다만 보는 종이가 미워 구겨 코를 풀기도 한다

종이의 얇은 몸에서 날 선 칼날이 돋아났다

참다못한 종이가 섬뜩하게 칼을 휘둘러

내 오른쪽 검지를 베어 버린 것

아주 깊숙이 선명한 자국을 남겼다

그 사이로 선혈이 낭자하다

종이도 분노하면 무섭다

홀대한 종이에게 미안하다고 사과했다

비 온 뒤에 땅이 굳어진다 했나

관계가 좋아진 우리는 매일 연애 중이다

눈 내리는 밤에 쓴 시가 달콤하다

- 「틈이 생길 때」 전문

　시인이 '종이'에게 '화'를 낼 때는 '시를 완성하지 못하고 미궁에 빠질 때'이다. 사실 던져지는 것은 비단 종이만은 아닐 터. 누구나 시를 쓸 수 있지만, 아무나 시인이 되는 것은 아니라는 말이 암시하듯이 시인은 한 편의 시를 '굽기' 위해 피와 땀을 갈아 넣어야 하는 사람이다. '이마우에 얹힌 시의 이슬에는/몇 방울의 피가 언제나 섞여 있'(서정주, 「자화상」)다던 미당(未堂)의 시구를 굳이 옮기지 않더라도, 시인은 수많은 좌절에 익숙한 사람이어야 하며, 그럼에도 한 편의 시를 위해 기꺼이 '뻔한 좌절'을 감행하는 사람이어야 한다.

　시의 길을 잃고 고뇌하던 시인은 문득 '검지'를 긋고 지나치는 종이의 섬뜩함과 마주친다. '종이의 얇은 몸'에서 돋아난 '칼날'은 시인에게 물리적 아픔을 주는 존재이지만, 시인은 오히려 그 찰나의 순간을 시에게로 들어가는 '틈'이 생긴 순간으로 인식한 모양이다. 다시 '종이'와의 '관계'가 좋아진 시인은 '눈 내리는 밤', 다시 시마(詩魔)를 불러들이며 달콤한 '시'를 쓴다. 뜨거운 열기를 견뎌 내는 고구마의 뒤척임처럼 고뇌 없이 아름다운 시를 빚어 낼 수 있는 시인은 없다. 인고의 시간을 견딘 고구마가 노랗게 익은 속살을 보이듯이 시인 또한 불속에 과감히 날것의 자신을 던져 넣지 않을 수 없었던 것이다.

문쾌식 시인의 시가 독자에게 울림을 주는 이유는 특별한 시적 발상이나 기교가 아니라, 자연을 인간과 같은 존재로 바라보는 그의 평등한 시선에 있다. 미국의 윤리학자이자 환경 철학자 테일러(Paul W. Taylor)는 "모든 생명체는 자기 보존과 자체적 좋음(good)을 향해 움직이는, 목적론적 활동의 단일화된 체계이다."라고 말한 바 있다. 이러한 생명 중심 사상은 생명체가 단순한 물질이 아니라, 스스로 선(善)을 추구하며 살아가는 존재이므로 내재적 가치를 지니고 있다고 본다. 이러한 관점에서는 모든 생물이 도덕적으로 고려 받아야 할 대상이 되고, 인간을 위한 수단이 아닌, 그 자체로 목적인 존재가 된다. 이 세상 모든 생명에 대한 존중과 귀 기울임, 그것을 몸소 실천하고 시로 승화해 내는 시인이 바로 문쾌식 시인이다. 이번 시집에서 '자연'은 배경이 아닌 전경(前景)으로 존재하고, 시인은 그러한 전경을 위해 기꺼이 배경으로 존재한다.

어떤 일은 내 생각과 다를 때가 있다
포근한 봄날이라고
겨우내 내실에 있던 천사의 나팔을
밖으로 데리고 나와 물을 흠뻑 주었다
오랜만에 맛보는 봄볕이라 신나리라 생각했는데
어라, 냉해를 입었는지 잎들이 오그라든다
몇 시간 사이, 서리 맞은 고춧잎처럼 되어 가기에
조심스레 다시 안으로 들였다

내 섣부른 판단이 화를 불렀지
다 나름의 질서가 있는 것인데
내보낼 시기가 따로 있었는데

너에게는 아직 내실이 봄날인 것을
되려 밖의 봄날이 아직 겨울인 것을

천사의 나팔에게 미안해서
속죄의 기도를 드렸다
다시 소생해 푸른 잎을 보여 주기를
눈부신 꽃으로 다시 피어나기를

-「시행착오」 전문

'봄날'이 찾아왔다. 시인의 눈에는 활짝 열린 꽃잎이 봄이 찾아온 기쁨을 노래하고 싶어 하는 '천사의 나팔'로 보인 모양이다. 덩달아 신이 난 시인은 화분에 '흠뻑' 물을 주고, 어린아이에게 새로운 세상을 열어 보이듯 화분을 품에 안아 따뜻한 햇볕 아래 내려놓았을 것이다. 하지만 예상과 달리 화초의 잎은 오그라들고, 그 모습에 덜컥 놀란 시인은 서둘러 화분을 다시 집안으로 옮겨 놓으며 스스로를 꾸짖는다. 자신의 섣부른 판단이 오히려 '화'를 불렀다고, 아직은 밖으로 '내보낼 시기'가 아니었다고 자책하는 시인의 목소리는 시인이 기꺼이 자신을 배경화 하는 데에 익숙한 사람이기 때문에 가능한 것이고, 그러한 익숙함은 자연을 대하는 그의 태도가 고유한 삶의 방식으로 체화되었기 때문에 가능한 것이다. 탄식이 단순한 반성에 그치지 않고, 역지사지(易地思之)를 통해 대상에 대한 이해로 나아간다는 점은 더욱 눈여겨 볼 대목이다. '너에게는 아직 내실이 봄날인 것을/되려 밖의 봄날이 아직 겨울인 것을'이라는 시인의 깨달음은 인간이 인식하는 계절을 자연물의 관점에서 전도시켜 이해함으로써 대상에 대한 시인의 따뜻한 연민을 느끼게 한다.

뙤약볕 아래
흰 나리 하나
눈부시게 피었다

꿀벌이 날아와
조심스레 속살을 더듬고
꿀과 꽃가루를 가져간다

꽃은 기꺼이 열리고
기꺼이 닫힌다

그 짧은 사이
씨앗 하나 생기고
세상 하나 열린다

서로는 묻지 않는다

서명도 없고

계약도 없다

이해만 있었다

문득 묻는다

나는 너에게

너는 나에게

그런 존재였는가

            - 「상생의 거울」 전문

   시인이 자연과 관계 맺는 일에는 특별한 도구를 필요로 하지 않는다. 대상을 향해 무릎을 낮추고 조심스럽게 오감(五感)을 여는 것, 그리고 그로부터 그들이 들려주는 이야기들을 '마음'을 다해 받아 적는 것이면 충분하다. 이번 시집은 시인이 자연과 함께하는 동안 느낀 '시적인 것'들의 집합이면서, 관조(觀照)를 통해 대상과 삶을 연결하는 시인의 습관적 사유의 산물(産物)이라고 할 수 있다.

   시인은 '흰 나리' 하나에서 일어나는 작고 미세한 것들의 움직임을 포착한다. 꽃가루를 멀리 날리기 위해 활짝 꽃잎을 열어 보이는 '꽃'이 생명의 표상이라면, 꿀을 구하기 위해 꽃 속으로 날아드는 '꿀벌' 또한 하나의 동등한 생명체임에 틀림없다. 시인은 작은 생명들이 나누는 공생과 그로 인한 공존의 현장을 지켜보면서 문득 우리에게 묻는다. '나는 너에게/너는 나에게/그런 존재였는가'.

물질이 신이 된 자본주의의 현실 속에서 재산 관계는 '계약'에 의해 결정되고, 그러한 계약은 '서명'에 의해 완결된다. 서로에 대한 '이해(理解)' 대신 우리가 꺼내 든 카드는 '이해(利害)'. 조금이라도 많이 갖기 위해서, 가진 것을 빼앗기지 않기 위해서 우리는 서로를 철저히 의심하고 불신을 공식으로 삼아 왔다. 묻지 않아도 서로를 이해(理解)하며 살아가는 세상은 점점 더 요원(遙遠)한 꿈이 되어가고, 정작 중요한 것들을 잃어버린 우리의 삶은 '공생(共生)'이 아닌 '공생(호生)'이 되었다.

    텃밭에 일하러 가는 근순 할머니
    잔뜩 꼬부라진 새우등이다
    천근만근 돌덩이를 지고 온 지팡이
    도착하자마자 툭, 내동댕이

    대수롭지 않은 듯
    어디에나 앉기 편한 엉덩이로
    땅을 뭉개며 호미질이다
    어그적 어그적 걸으면서도
    농사짓는 일터만 오면 손은
    날랜 제비
    엉덩이는 무쇠가 된다

그만 놔라, 놔라 소리도 못 지른 채

머리끄댕이 붙잡힌 잡초는

오늘이 제삿날

무쇠 엉덩이로 말끔해진 텃밭

뭘 심어도 풍년이지

-「무쇠 엉덩이」 전문

「무쇠 엉덩이」는 시적인 것들을 발견하는 시인의 감식안(鑑識眼)과 그것을 유쾌한 언어로 직조해 내는 시인의 솜씨가 예사롭지 않게 느껴지는 시이다. 시인에게 '시적인 것'은 특별한 것이 아니다. 한평생 몸 부대끼며 살아온 자연, 소박한 정을 나누며 함께 살아가는 이웃들, 그러한 소박한 정경이 시인에게는 모두 한 편의 시인 것처럼 보인다. 이 시의 제목인 '무쇠 엉덩이'의 주인은 밭일을 할 때만은 누구보다 씩씩해지는 '근순 할머니'라는 인물이다. '잔뜩 꼬부라진 새우등'을 하고 '천근만근' 무거운 몸을 이끌고 온 '근순 할머니'는 밭을 보자마자 '지팡이'를 '툭' 하고 '내동댕이'친다. 나이 지긋한 어르신이 젊은 일꾼으로 변신하는 순간을 이보다 더 간결하고 생동감 있게 표현할 수 있을까.

'무쇠 엉덩이'를 들썩거리는 '근순 할머니', '날랜 제비' 같은 그녀의 '손'이 '잡초'들의 '머리끄댕이'를 잡아 뜯는다. 뿌리째 뽑혀 나오는 잡초들의 아우성과 찡그리는 표정이 눈앞에 보이는 듯하다. 이처럼 시인의 해학적으로 펼쳐 보이는 정경 묘사는 땅과 함께하는 모든 존재들에 대한 뜨거운 애정이 있기에 가능한 것이다.

고슴도치 같은 날카로운 가시는 어디에 두고
둥그런 껍질만 남았느냐
이제는 하늘을 꿈꾸며 비행접시로 남은 것이냐

바다는 너를 품어 껍질뿐인 널
더욱 반듯하게 다듬었구나
꽃무늬를 새긴 네 몸은 본차이나 도자기처럼 가벼워
부딪히면 청아한 소리를 내는구나

살다가 외로움에 지쳐 찾아온 내게
바다는 너를 위로의 선물로 내주었고 나는 너를
조심스레 주머니에 담는다
그리움이 깃든 작은 별 하나를 품듯이

우리 한 공간 안에서
너는 빛을 머금고 다시 태어나거라
이제는 꽃을 활짝 피우며
푸른 바다의 숨결을 노래하는
작은 우주가 되거라

－「가시 잃은 성게」 전문

'가시'는 서정적 자아에 의해 선택된 대상으로, 이번 시집의 전체를 관통하는 뼈대이자, 시인이 자신의 모습을 투영한 객관적 상관물이다. 하지만, 「가시 잃은 성게」에서 시인이 발견한 것은 '가시'를 잃어버리고 둥근 '껍질'로만 남아 있는 '성게'이다. 언뜻 보기에는 온전하지 못한 모습의 존재로 비춰질 수 있다. 하지만 시인이 주워 든 '가시 잃은 성게'는 '결핍'의 대상이 아니라, '비움'의 원리를 내재한 존재로서 '바다'가 준 '위로의 선물'이자, '그리움이 깃든 작은 별 하나'로 비유된다.

'성게'의 둥근 몸을 둘러싸고 있는 '가시'는 다른 동물에게 잡아먹히지 않기 위한 진화의 산물이자 성게가 이동하며 살아가는 데 필수불가결한 수단이다. 하지만 이 시 속에서 시인이 형상화하고 있는 '가시'는 그 의미가 더욱 다층적이다. 시편들 속에 등장하는 '가시'는 표면적으로는 다른 존재를 향해 있지만, 그 실상은 자신의 내부를 겨냥하고 있는 것들의 총체라고 할 수 있다. 박완서 작가가 '가시에 찔려 정신이 번쩍 나고 싶어 시를 읽는다(박완서, 「시를 읽는다」)'고 말했던 것처럼 '가시'는 좋은 시를 쓰고자 하는 시인의 욕망이나 강박으로 읽을 수도 있지만, 시집 전체를 살펴보면 그보다는 앞에서 언급한 대로 '비움'을 통해 앞으로 나아가려는 시인의 의식적 노력과 시적 지향점을 상징하는 것처럼 보이기도 한다.

문쾌식 시인의 네 번째 시집 『가시 잃은 성게』에서 '가시'는 빼놓을 수 없는 존재이다. '고요히 들끓는 시작, 가시가 돋던 시간들', '가시 하나, 나를 비추는 거울이 되다'라는 1·2부의 제목, 그리고 '이제 나는 가시 없이 피어난다'는 3부의 제목을 비추어 보면, 이번 시집 전체가 시인의 내면에 깊숙이 박혀 있던 '가시'의 진화 과정이라고 보아도 무방할 듯하다. 특히 이번 시집을 차지하는 다수의 시편들이 대상에 대한 관조와 철저한 자기 성찰로 이루어져 있다는 점에서 '가시'는 과거 시인의 자화상으로도 이해할 수 있다. '코다리찜'을 먹다가 목에 걸린 '가시'를 통해 '내 말의 독한 가시'로 인해 상처받았을 '누군가'에게 미안하다(「가시가 남긴 것」 중에서)고 고백하는 시인의 속죄는 그런 '가시'의 의미를 구체화하는 대목이다.

이번 시집을 통해 시인은 '가시 잃은 성게'로 다시 태어난다. '본차이나 도자기'처럼 가볍고, 청아한 소리를 내는 삶을 살아 내기로 결심한 시인의 다음 시집이 기대되는 것 또한 바로 그 때문이다. '외로움'으로 자라난 '가시'를 버린 시인은 이제 그 대신 '그리움에 깃든 작은 별 하나'를 품고 걸어가는 중이다. '가시'를 잃은 시인은 '푸른 바다의 숨결'을 노래하는 '작은 우주'가 되어 우리에게 다시 돌아올 것이다.

가시 잃은 성게

ⓒ 문쾌식, 2025

초판 1쇄 발행 2025년 8월 30일

지은이	문쾌식
펴낸이	이기봉
편집	좋은땅 편집팀
펴낸곳	도서출판 좋은땅
주소	서울특별시 마포구 양화로12길 26 지월드빌딩 (서교동 395-7)
전화	02)374-8616~7
팩스	02)374-8614
이메일	gworldbook@naver.com
홈페이지	www.g-world.co.kr

ISBN 979-11-388-4622-6 (03810)

- 가격은 뒤표지에 있습니다.
- 이 책은 저작권법에 의하여 보호를 받는 저작물이므로 무단 전재와 복제를 금합니다.
- 파본은 구입하신 서점에서 교환해 드립니다.